懐かしの昭和

新発田想い出写真帳

大竹静市郎

はじめに

戦後十年経た昭和三十年代は、日本全体が混乱期から高度成長へと発展する激動の時代でした。そのころの新潟県内は地方らしく勢いは緩やかでも、貧しさから脱しつつ明るい未来に向けて動き出していました。

中学時代、少年雑誌付録の自作カメラにより始めた撮影は、仕上げも自分で処理するようになり、やがて本格的カメラを手にした高校時代は街に出て暮らしのさまざまなシーンをスナップし、カメラ店の月例会への出品から、カメラ雑誌のコンテストへ応募するようになり作画活動に拍車がかかったのでした。

その一連のカットを「新潟日報」に企画申請したところ、当時の新発田支局長が高く評価してくださり、テーマで括《くく》りながら隔月一週間ずつの連載という形で発表することになったのでした。

それは新発田の暮らしから新潟へと広げ、第八部五十七回でひとくぎりとなりましたが、本書はそれに幾枚かの写真と文章を加え、昭和三十年代の新潟の生活記録としてまとめました。

大竹　静市郎

もくじ

新発田　想い出写真帳

紙芝居に瞳輝かせ

新発田の下鉄砲町、今の西園町ですか、そこの和菓子屋のせがれです。継げば四代目となった訳ですが、なんともカメラが好きで。とうとう好きな道で食べられるようになりました。

少年雑誌付録の厚紙製カメラで弟妹を撮っていましたが、それに飽き足らなくなり、父にねだって小型カメラを買ってもらいました。早速、カメラ小僧よろしく外へ飛び出し、路地裏で遊ぶ子供たちを撮りまくりました。

昭和三十年代初期。大ヒットした映画「ＡＬＷＡＹＳ　三丁目の夕日」のころです。子どもたちは水鉄砲やこま回し、女の子はままごとなどシンプルな遊びに興じていましたが、中でも紙芝居は最大の楽しみ。

黄金バットや八ちゃんなどを見ようと、拍子木がちょんちょんと鳴ると、どこにいたのかと思うほどたくさんの子どもたちが集まったのでした。

写真の娘さんは最も印象に残った女の子です。半世紀近くも経た今では美しい母親になっているはずです。もうお孫さんもいるでしょうか。元気で幸せな家庭を築かれていることでしょう。この写真をお渡しししたいものですが。

頭巾の娘　頭巾《ずきん》がおしゃれでお似合いの小学生。今でいえばバンダナだろうか。紙芝居のスナップで、見物料のあめせんべいの代金を払っている（1956 年）

下駄に手ぬぐい姿

子どもの写真で難しいのはシャッターチャンスです。特に群れた状態だと、それぞれのフォームや表情がバラバラになりがちで、〝決マッタ〟瞬間をとらえるのが至難の業となるのです。

この写真ではお兄ちゃんがゴム鉄砲の仕掛けを説明していて、子どもたちの視線が集中したため、バランスの良い構図にまとまりました。真ん中の子が下向きで半端ですが、右の立っている子がアクセントになりました。

足元を見てください。下駄《げた》履きがほとんどで、靴はまだまだぜいたく品でした。お兄ちゃんの腰に手ぬぐいがぶら下がっているのも、時代を物語っています。

左から三人目の子を見てください。指に包帯を巻いています。その指の表情が、なんだかとってもかわいいなあ、と思ってしまいます。

木製のひしゃくが見えます。背景の板塀《いたべい》からも、懐かしさがにじみ出してきます。質素な子どもたちのたたずまい、屈託のない表情。同年配の方なら、この中の誰かに、幼かった自分自身を見つけているのではないでしょうか。

ゴム鉄砲を囲んで　遊び道具は手作りが当たり前。ゴム鉄砲も割りばしと輪ゴムで作った。年長のお兄ちゃんが、近所の子どもたちを集めて仕掛けを教えているのだが、どこか得意げなところがほほ笑ましい（1957年）

路面にチョーク絵

この写真は私にとっても忘れられない一枚です。高校三年当時、大人に交じってカメラ店の月例会に参加していました。互選でトップになり、店主の勧めで全国版カメラ雑誌の学生の部に応募、なんと一位になり扉ページを飾ったのです。

私にとっては子どもの表情が見えない不満はありましたが、路面に描かれたヒコーキとキセンの何ともいえないあどけない味わいが、審査員の心をとらえたのでしょう。暗い路面と白いチョーク絵のバランスが鍵でした。私自身、絵に引き込まれるように撮ったことを覚えています。

写真にのめり込むようになったのは、撮影の楽しさはもちろんですが、その後のフィルム現像や引き伸ばしといった暗室作業に面白さを見いだしたからです。

特に引き伸ばしは赤橙《せきとう》色の暗室灯下で、現像バットの中の印画紙の絵柄が徐々に現れてきます。適度の濃さを見計らって停止液、さらに定着液に浸し、水洗いして乾燥させるというプロセスが、いかにも手作りすることの喜びを感じさせてくれたのです。

ボクのヒコーキとキセン　チョーク１本あれば、路面はキャンバスに早変わり。ヒコーキもフネもみんなのあこがれだった。チョークや石筆で、男の子も女の子も絵に夢中になった（1957 年）

被写体に自ら重ね

これはケンカというよりイジメの図といえます。右の大きくていかにも力の強そうな男の子と、ケガをしたのか頭に包帯を巻いた左の子とでは、勢いの優劣は明瞭《りょう》です。

思わずシャッターを押したのは、元祖いじめられっ子といえる、私自身が重なったからでした。幼いときに心臓を患い、運動には縁がなくやせ細った私は、何かといってはイジメの標的にされました。

まったく理不尽なのですが、テスト結果が掲示されます。私の名前が上位にあると、「おまえはセンコー（先生）にえこひいきされてっからだ」なんて言いがかりで、学校からの帰り道、悪童たちに殴る蹴《け》るの乱暴を受けたのです。勉強で見返してやれ、と親にハッパをかけられ頑張れば、また待ち伏せの繰り返しです。

中学に入ったころから病状が快方に向かい、食事もおいしくとれるようになり、体格も人並みに追いつくといつのまにかイジメはやみました。

あれから半世紀近い二〇〇六年、私よりはるかに頑丈だった悪ガキの大将が病死しました。順番が逆になったような、なにか複雑な気持ちになりました。

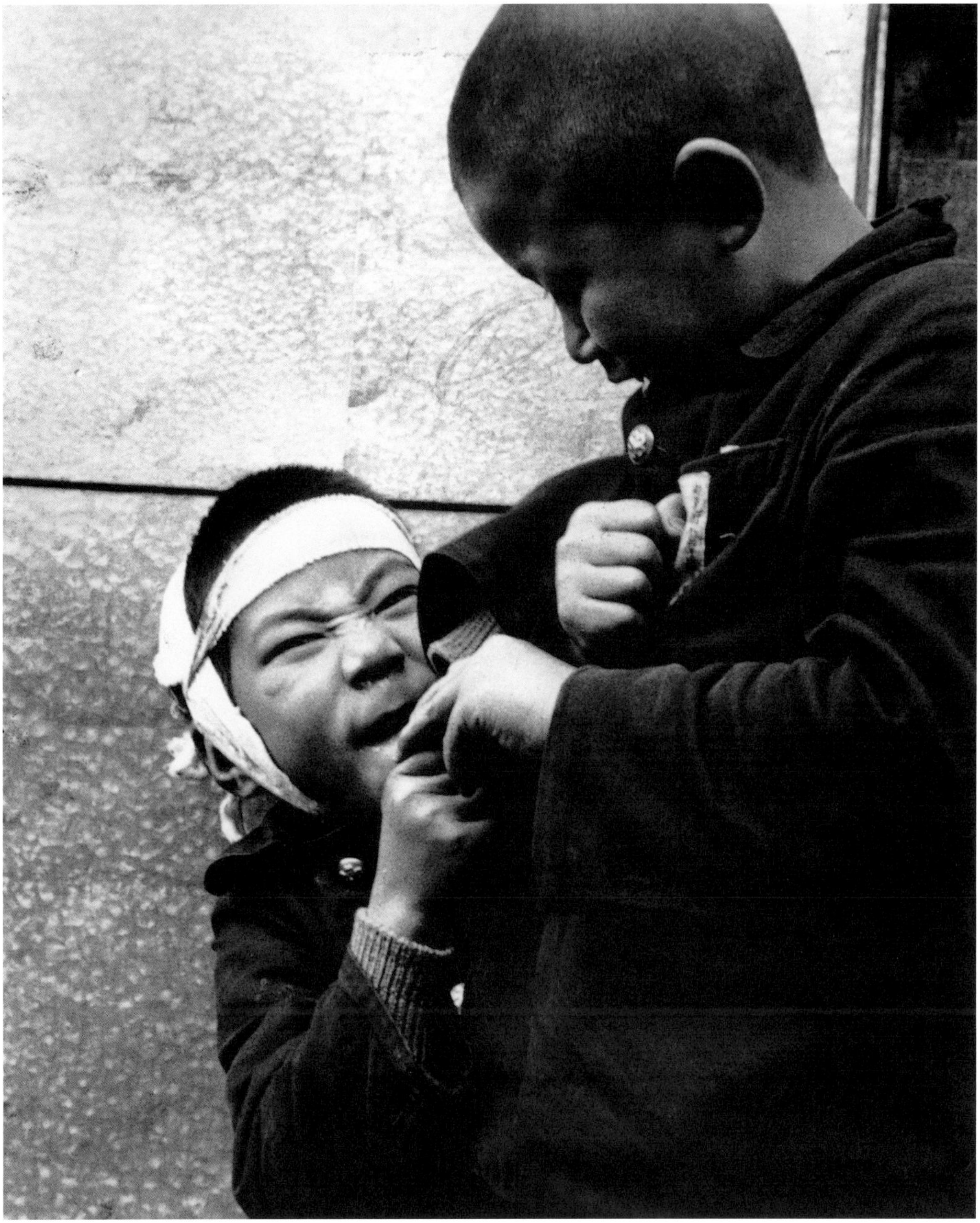

イジメ！　いまにも押しつぶされそうな包帯の子。いかにも劣勢で助けてやりたい気持ちになった。いじめっ子の胸の名札や金ボタンが当時を思い出させる（1957 年）

縄袋提げ 愛らしく

高校から帰宅すると、相変わらず町中で遊ぶ子どもたちをスナップしていましたが、さらに新しい被写体を求めて農村部へ足を延ばしました。

山沿いの道を行くと、目のパッチリした娘さんとすれ違ったのです。いかにも山の子らしいいでたちと、縄で編んだ大きな袋に引きつけられました。山菜採りに出かけるところだったようです。

あの時代、農家の子は男の子も女の子も何かしら手伝いをして、少しでも家計の足しにするのが普通でした。多分、この娘さんも収穫で縄袋がいっぱいになる夕方まで作業するのでしょう。

家計といえば、私にとってフィルム代のことでした。この写真もカメラ雑誌に載りましたが、毎月のように月例コンテストに入選するので、常連とみなされてフィルムメーカーから35ミリモノクロフィルムがダースで送られてくるようになりました。

私の家計が一気に楽になったわけです。フィルム代を気にせず、パチパチ撮れることは、上達を早めてくれました。

山の娘　野ブドウを味見している顔と手の表情が印象深い。女の子はおかっぱ、男の子は坊主頭か坊ちゃん刈りがほとんどだった（1957 年）

腕自慢　準備は万全

夏の盛りのころの水鉄砲も、懐かしい遊びです。竹筒からほとばしり出る水と、撃ち手の表情がうまくマッチした瞬間を撮るのは思った以上に難しいことでした。

唐突かもしれませんが、逆光にきらめく鉄砲水を見て、まぶたに浮かんだことがあります。それは戦時中、夜空に放たれた探照灯の光です。

昭和二十年五月のころ、私が七歳のときでした。新発田にも空襲がありそうだ、といううわさが広まりました。私の家族六人も国道7号を豊栄方面に退避しました。

新潟の上空では幾本ものサーチライトが交差して、米軍機を迎撃しようとしているのですが、なかなか撃ち落とせません。飛行機とサーチライトとの夜空の葛藤《かっとう》。そんなふうに思ってはいけないのに、「きれいなもんだ」と思ったことが心と目に焼き付いています。

田んぼでの三時間。持参した焼きおにぎりをほおばったのですが、そのうまさは今でも口の中にくっきりと蘇《よみがえ》ってきます。小学一年生。第二次大戦の強烈な思い出です。

水鉄砲　木のたらいに、頑丈なバケツもそろえて給水も万全。真剣な目の表情が素晴らしい。思わず口も開いてしまった。女の子に囲まれて、二人の競演は続く（1957 年）

雪の中　はしゃいで

新発田城は近年、表門や隅櫓《すみやぐら》の改修が施され、二〇〇四年には三階櫓、辰巳《たつみ》櫓が復元されて、いまや観光誘致の目玉となっています。

　これを撮った五十年前は、壁がはがれ落ちたまま、放置されていました。写真の隅櫓の土手に雪が積もると、少年たちの格好な遊び場所となり、ソリや竹スキーのゲレンデになりました。

　この絵柄では、左手前に人物を配して立体感を持たせたのがポイントです。写真の処理では、プリントは大きい方が迫力が増すので、引き伸ばしは欠かせません。しかし引き伸ばし機はカメラ同様、高価なので親に無心できずに、自分で作ることにしました。

　当時出ていた「科学小国民」という雑誌でしたか、これに載っていた引き伸ばし機設計図を基に工作し、絞り付きのレンズを装着して、とうとう作り上げました。はがきよりひとまわり大きいキャビネ判くらいまでは十分、実用になりました。

　高校では科学クラブに入部。部室の本格的引き伸ばし機をほとんど専用に使わせてもらったのも、いい思い出です。

城と遊ぶ　お城は新発田人の心のよりどころ。白壁がはがれ放題だが、本物の味わいが感じられる、隅櫓の懐かしい姿だ。少年たちの専用スキー場でもあった（1956 年）

名勝負　今も脳裏に

新発田の下鉄砲町（現西園町）の天城ラジオ店です。バス通りの片側を人々が折り重なって一台のテレビをのぞき込んでいます。まさにテレビ時代の幕開けを象徴する情景です。こんなシーンを自分の目で見た人、記憶にある人はもう、団塊の世代から上になるでしょうか。

時間からすると、大相撲中継でしょう。屋根の上の看板には今は聞かれない「ナナオラテレビ4時より」とありますから、近所はもとより、自転車でかなり遠くから集まっていたようです。

私は当時、千代の山がひいきで、勝っても負けても荒っぽい相撲ぶりに喝采《かっさい》していました。あんまり負けが込んで、横綱返上を申し出て話題になったものです。

その後に、栃若時代を迎えました。数々の名勝負は今も脳裏に焼き付いています。自分の家にいつテレビが入ったのか覚えていないのに、あの人込みの中で、頭と頭の隙間《すきま》からのぞいた画面がくっきりと思い出されるのが、なんとも不思議です。

街頭テレビ　押すな押すなの街頭テレビだった。夜には興奮と熱狂が渦巻いたプロレス中継が。力道山が、外国人レスラーをやっつけるのが見ものだった。テレビが日本の暮らしを一変させた（1956 年）

のどかな駅裏一変

新発田駅の裏手。豊町から五十公野方向あたりの風景でしょうか。いかにも田舎を思わせる街道風景です。

この写真を見たお年寄りに「これはほんとにあんたが撮ったのか。三十年代ではなくもっと昔じゃないのか」とただされたことがあります。荷車を引く二人の身づくろいがずっと昔に思えるんだそうです。

写真をようく見てください。左手奥に高圧線の櫓《やぐら》が写っています。これはまぎれもなくあのころ登場したもの、昭和三十年代の風物です。

あれから五十年。再訪しました。杉の巨木は既になく、当時は低かった木がそれなりに育って立っていました。激変は道路です。原っぱはなくなり道は拡幅され、両側にはアパートが点在しています。ここまで変わるのか。こんなにも変わるのか。「こんな風景は見るんじゃなかった」。そんな思いが突き上げました。あの美しかった風景のイメージを胸にとどめておくのだった、ということです。

街道を行く　高い杉の木が連なる街道は、もちろん砂利道だ。人生の道を歩くかのように夫婦が大八車を引いてゆく。今となっては郷愁とともに胸の中だけの風景になってしまった（1956 年）

獅子舞　動き激しく

新発田祭りと称される諏訪神社の例大祭の定番といえば、各町の台輪の曳《ひ》き回しと獅子舞でしょう。獅子舞は被写体としては魅力的ですが、動きが激しく、決定的瞬間を撮るのはなかなか難しいものです。

ここでは舞い手と近所の見物人をからめてスナップの手法で情景をまとめました。そこに偶然、二人の神主さんが近づいてきて、画面に祭りの雰囲気を盛り上げるのに効果が有りました。左手奥に神社があり、それに至る右側の木造家屋の家並みがなんとも情緒をかもしだしています。

祭りが大好きで、下鉄砲町から諏訪神社までは子どもの足では遠いのに、それをいとわず連日通いました。母から小遣い銭をもらってゆくのですが、出店、屋台のすみずみをめぐってはみたものの、結局何も買わずに帰り、笑われたりもしました。

故郷新発田から離れて東京暮らしの今は、なかなか例大祭に行けないんですが、来年こそは訪れて、あの祭りのにぎやかさに身を置いてみようと思っています。

夏だ祭りだ　おばあちゃんもお母さんもゲタばき。男の子は半ズボンにランニング、坊ちゃん刈りか坊主頭、そしてゲタが定番だった。奥に見える電信柱はもちろん、木だった（1956 年）

威勢のいい声響く

当時はこんなにも朝市がにぎやかでした。三之町（現大栄町）かいわいの長い通りにはずらりと露店や屋台が並び、元気のいい声、威勢のいいやりとりが続いていたものです。こんな「市《いち》」が町の人たちの暮らしを支えていたのです。

大きなカゴにいっぱいの取れたての野菜、果物を詰めて近郷から集まってくる農家のおばさん、おばあちゃんたちのパワーといったら、それは圧倒されたものでした。

大ぶりのハクサイやジャガイモ。サツマイモもごろりとしていて本当においしそうです。あのころの野菜には新鮮な、深い香りが感じられました。

現在私は、月の十日余りは建築や都市の撮影、取材で、二十キロほどもある撮影機材を肩に全国を歩いています。

土地土地のものを食べ、バランスのいい食事を心がけていますが、野菜好きな私は、この写真を思い出しては、ああもう一度食べたい、これで料理もしてみたかったなあ、などと思ってしまうのです。

にぎわう朝市　雪の晴れ間の朝市風景。手ぬぐいをきりりとしめてその上からマフラーを巻き、足元はもちろん長靴だった。用途別のカゴのデザインに見応えがある（1957 年）

冬の厳しさ　ずんと

日本海のカットをぜひ使いたい、見てほしいと思いました。これは岩船海岸です。暗雲の下、次から次へと押し寄せ打ち寄せる日本海の荒波が、いかにも冬の海の厳しさを、ずんと伝えています。

ポイントへ向かう釣り人が、ちょうどいい位置に止まってくれ、その体の表情といい、いかにもスナップ写真の醍醐味《だいごみ》が感じられるのです。

風景写真は少ない分野なのですが、撮るときは単に風景だけでなく人物を絡めて撮るようにしています。そこに、風土と人間の関係を表現できる、と思うからです。

ここでは砂浜に積もった雪が波に洗われて微妙なラインを描き、硬いコンクリートの防波堤とでかもし出すコントラストが、写真に深みを出してくれました。

残念なのはネガの保存状態が思わしくなく、小さな傷が無数に散らばっていて修正しきれなかったことです。

それにしてもこんな荒れた海で、この釣り人は何を釣ろうとしているんでしょうか。

荒海と釣り人　「北の海」そのものの岩船海岸。夕暮れも近い。貧しかったあのころ、釣った魚は間違いなく夕飯の食卓のメーンだったろう。防寒具で丸まった姿に、懸命さがにじみ出る（1957 年）

統一取れた商店街

新発田駅前の目抜き通り。現在の中央商店街を大手町方向に見たところです。いまは県立新発田病院の移転・新築でガラガラと風景が変わっていますが、こんな情景を覚えている人も少なくなったことでしょう。

どの店も軒の高さがそろい、それぞれが環境、街並みに調和させようという、思いがみられます。

看板文字もほとんどが筆文字の明朝体で、縦型も相まって統一感があります。

のちに両側の歩道にアーケードが設置されたのですが、その新建材風のしつらえでは、味も素っ気もない納まりとなりました。それぞれの店構えもばらばら。

建築物を専門に撮影している私には、「デザインの世紀」といわれる現代に、それを念頭に置いていないかのような街づくりは、時代遅れという言葉が浮かんできます。

行政が強力に音頭を取り、街づくりの優れたコーディネーター、建築家を起用して商店街や新発田の街の再構築を行うときです。

街並みしっとり　どの店舗も落ち着いた雰囲気が感じられ、「昭和の情緒」があふれる。雪道を急ぐ人たちの、角巻や厚手の“外とう”、リヤカーが懐かしい（1957 年）

希望に満ちた時代

大洪水（羽越水害）で流される以前の旧西名柄地区でのスナップです。背景の民家を見てください。壁は下見板張り、木の窓枠も懐かしく屋根は木羽《こば》を桟《さん》で押さえ、置き石で止めています。

その前にずらりと並んだ子どもたち。男の子は詰め襟の学生服、女の子も質素そのものの装いながら、屈託のない笑顔のパノラマは、この時代が希望に満ちた日本の夜明けだったことを物語っています。

そのころの私は、土門拳、木村伊兵衛といった偉大な写真家に刺激され、少しでも近づこうと、新潟の暮らしを撮りまくっていたのでした。

そのころの写真が時を経たいま、あの時代を思い出す証しとしてこのようなスペースを与えられたことを幸せに感じています。同時に、歴史を記録する写真の力というものを再認識しています。

これからも、体が動く限り自分が生きていた時代の証しとして、日本の旅する先々を、足元の東京を、そして故郷新発田を撮り続けたいと思うのです。

輝く笑顔　何度も撮りに通い、すっかり仲良くなった西名柄やその周辺の子どもたちに全員集合してもらって「記念写真」に収めた。見事に全員が笑顔だ。みんなの表情が最高だ（1957 年）

多感な時カメラに

青春まっただ中の高校時代。学習や課外生活のさまざまのシーンが思い出されます。

私が学園生活を送った新発田商工高校は、一九五六年の入学当時は商業、土木、建築、普通科の併設校でした。前にも書きましたが、和菓子屋のせがれの私としては、家業を継ぐのに必要な簿記や珠算を習得するために、商業科に入りました。共学でした。男子四十四人、女子四人。同級生四十八人が三年間、顔をつきあわせながら何とも多感な時期を過ごしたのです。

写真に本腰を入れ始めた私には、被写体としては学園生活もとても魅力的なものでした。カバンの中に小型カメラを忍ばせて毎日、学校へ向かいました。

「あのころ」を白と黒とでくっきりと焼き付けた七枚を、本人了解を得てお見せしたいと思います。

模擬試験だったでしょうか。一番後ろの席で、一人黙々と答案用紙に向かう頑張り屋のT君。教室のにおいが、友達が語り合うざわめき、グラウンドから響く歓声が、廊下の足音が聞こえてくるような気持ちになります。

教室で頑張る　T君はなんにでも頑張り屋だった。50歳代で大病を乗りこえ、いまはシルバー人材センター会員でばりばりの現役。前向きな姿勢は変わらない（1957年）

「同志」一生の友に

高校時代はスポーツや趣味に巡り合う時でもあります。そしてなにより一生の友人に出会う時期でもあります。

写真の二人もなんとも気の合った、「同志」だったようです。男子の長髪なんてまだまだ先の話。髪の毛が伸びたH君の頭を見たS君が、床屋さんをかってでたわけです。

さて、どんな頭にしてやろうかと思えば、刈られる方は、はてどんな頭になるのやら。ある種、真剣勝負でした。

はさみを手にしたS君の真剣な顔や手の表情が印象的です。H君も緊張とあきらめ？　で思わぬ顔つきです。それにしてもはさみを使いながらも学帽を放さないS君、白いワイシャツ姿がなかなかかりりしいと思いませんか。

S君はバレーボール部のレギュラー選手。H君はバドミントン・ダブルスで、どちらも県大会で優勝というスポーツマンでした。

ずっと走り続けてきたわれわれの世代。H君は酒販会社を定年退職し、海外旅行を夫婦で楽しむのんびりした日々を過ごしています。S君は税理士事務所でまだまだ現役。はて私は。重いカメラバッグをかついで日本中を歩く毎日です。これが何とも楽しいのです。

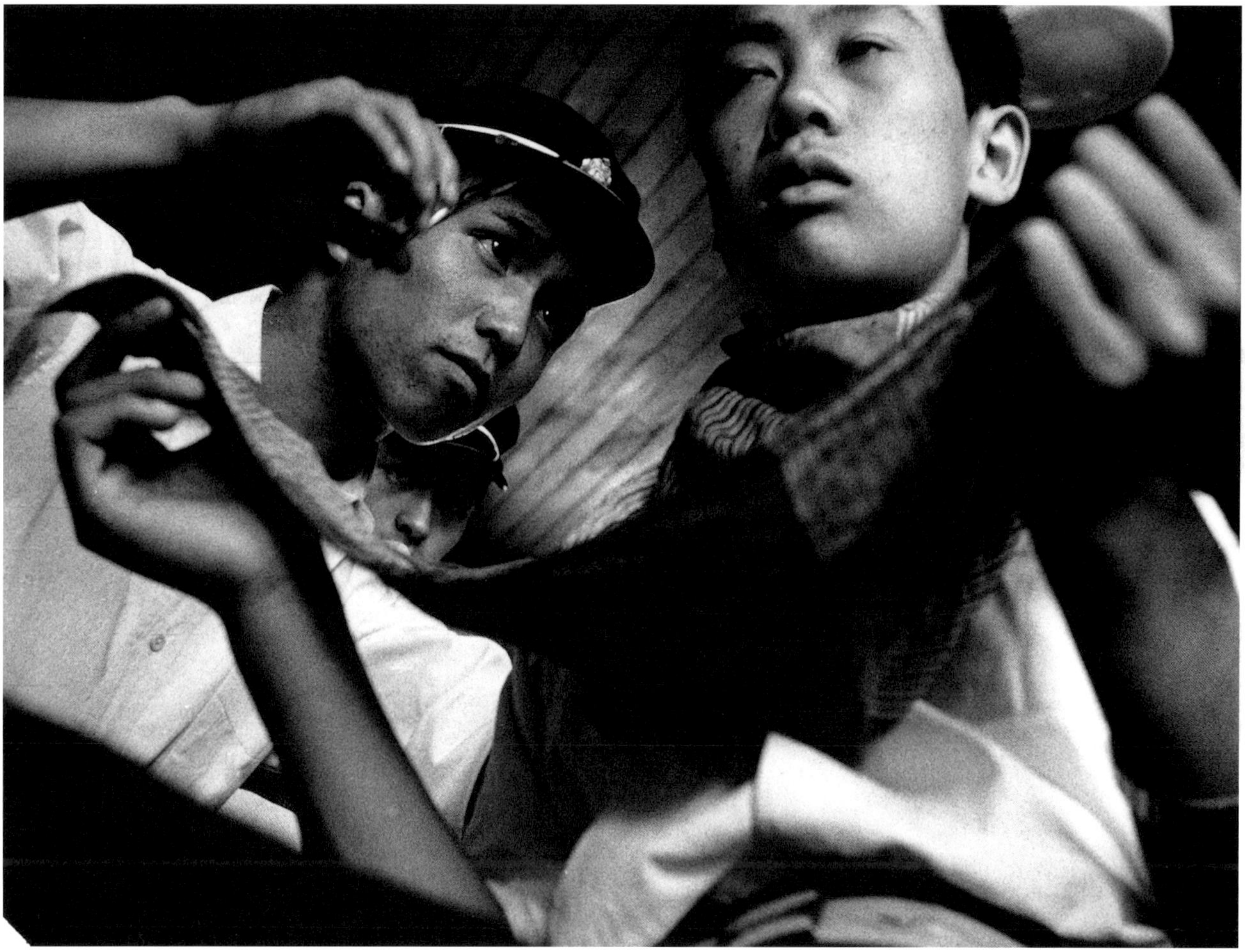

床屋にチャレンジ　バンカラだったが、おしゃれ心がないわけではない。バンカラも一種のおしゃれ心の表現でもあった。２人のなんとも真剣、神妙な表情はその表れでもあった（1957 年）

英雄の姿　密着撮影

勉強を頑張る「文化系」、スポーツに打ち込む「体育会系」、そんなふうに色分けされていたようです。

　そんな中で写真のＩ君は、文字通りの「文武両道」。木の机にぐいっと大また開きの足を乗せ、読書に夢中です。これまたなぜか学帽をかぶったまま、口をぎゅっととがらせた上には丸メガネが決まっています。

　Ｉ君はバスケットボール部の選手で、二年生ながらレギュラーに食い込みました。身長は一七〇センチに届かない、当時としてもやや小柄な選手でしたが、そのスピード、キレ、頭脳的プレーで大活躍。一九五七年の神戸国体では、堂々の全国優勝を果たしたのです。

　新発田に凱旋《がいせん》したときは、それはもう大騒ぎ。国鉄新発田駅前の人だかりといったら。そのとき、私は母校までのパレードを密着撮影したのです。

　プリントを体育館の壁にズラリと張り出し、注文を受けて実費で販売しました。今思えば、その後プロになった私が、初めて写真をお金にしたのでした。足の裏をズンとアップにしたこの作品には、そんなこそばゆい想《おも》い出があるのです。

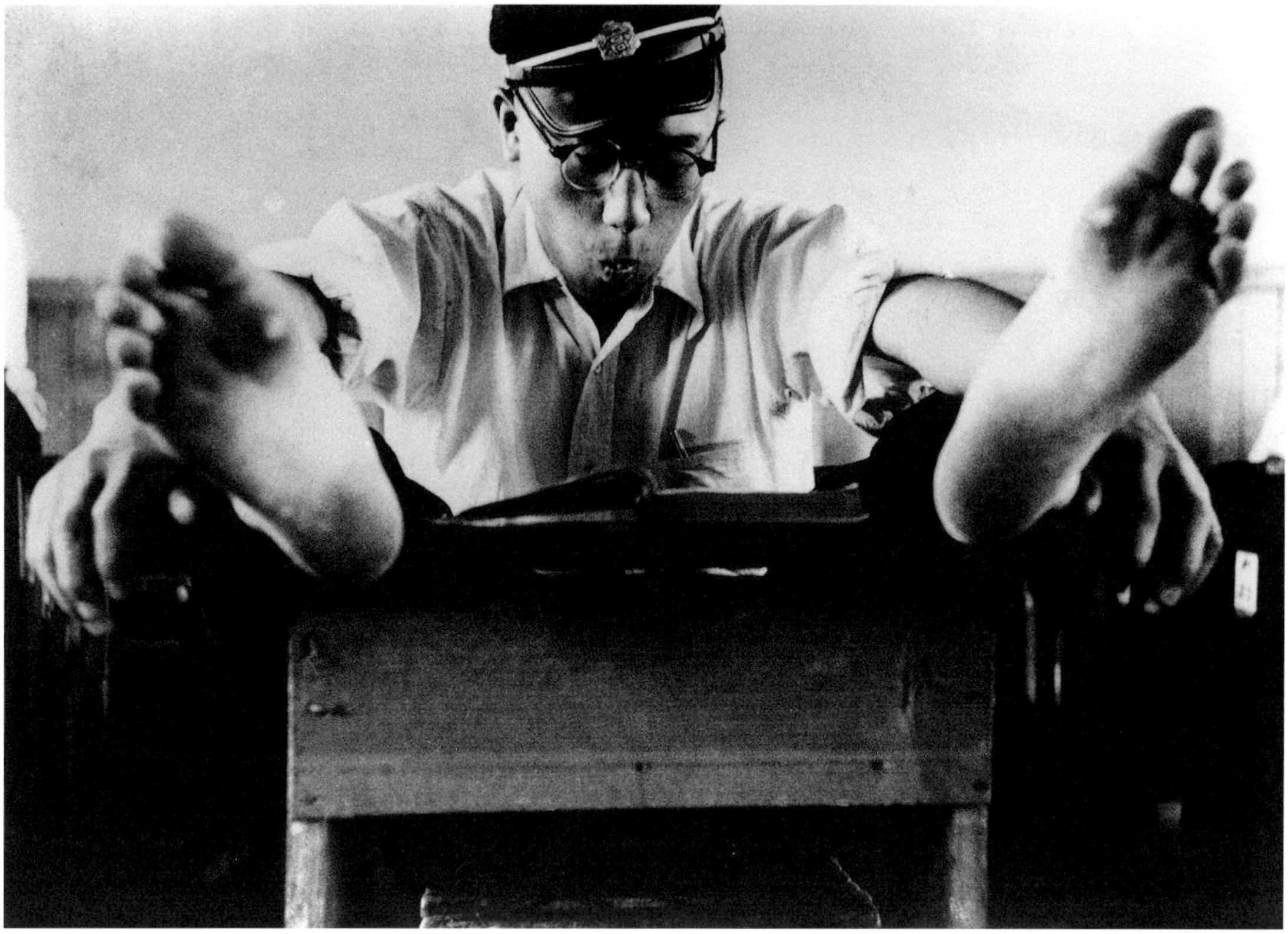

放課後の読書
　被写体とカメラの距離が決まった一枚。2008 年の日本写真家ユニオン展で審査員特別賞を受けた（1957 年）

凱旋パレード
　新発田駅から水原新道の母校まで選手と広瀬校長、役員の 20 余名がブラスバンドをバックに市内をパレードして大歓迎を受けた

山登りも学生服で

気の合う仲間との小旅行、これは何とも楽しみであり、いつまでもいい想《おも》い出になっています。近くでは水原の瓢湖、ぐんと足を伸ばして笹ヶ峰に野尻湖。ほんとに忘れられない楽しい旅行でした。

このショットは、なじみ深い五頭山の頂上に近いくぼ地で風を避けての昼食シーンです。いまならかっこいい登山服やら、帽子にトレッキングシューズといったところでしょうが、当時はどこに行くにも学生服が当たり前。もっとも学生服しかなかったようなものなのですが。

またまた全員見事に学生帽をかぶっていますが、風に飛ばされないよう、アゴひもをきりりと締めているのがなんとも味わい深く思います。

弁当といえば、にぎり飯。おにぎりだ、おむすびだなんて言わずに、にぎり飯、これでしたね。格別の味でした。いつも撮影係の私がスナップに収まっている（右端）のは、F君に撮影を頼んだのです。

写っていないF君は、銀行員となりました。わずか四十二歳で早世したF君。友達の心の中に、ずっと生きている証しとなる一枚なのです。

山頂のにぎり飯　アゴひもの学生帽に学生服。スニーカーというよりはズックのスタイルだった。この景色の中で食べたにぎり飯の味は忘れられない（1957 年）

水泳後幸せの一瞬

まさに眠ろうとしている美少年。荒いゴザのうえ、なぜか浮輪をしっかり抱えて。

夏といえば、新発田にはなじみの深い藤塚浜や次第浜へと繰り出したものでした。遠くは笹川流れまで繰り出してキャンプしたこともありました。

スナップはそんな折に海の家で撮ったものです。モデルはＫ君。クラスの中では一、二番を争うタフネスでしたが、泳ぎすぎてダウン、ぐっすりと眠りに落ちたのです。

なんともいえない顔や手の表情。「青春の幸せ」というものがあるとしたら、こんな一瞬なのかもしれません。

平成十二年に還暦を記念して湯沢温泉で同級会をやりました。会の名前は「マンモス会」。担任だった故松川先生のニックネームを、万感の思いを込めて付けさせてもらいました。

みんなそれなりに年輪を感じさせる中、美少年Ｋ君だけは豊かな黒髪とつやつやの顔で、参加者をきなりがらせ（うらやましがらせ）ました。Ｋ君、今も三条の鉄鋼会社でバリバリの現役です。

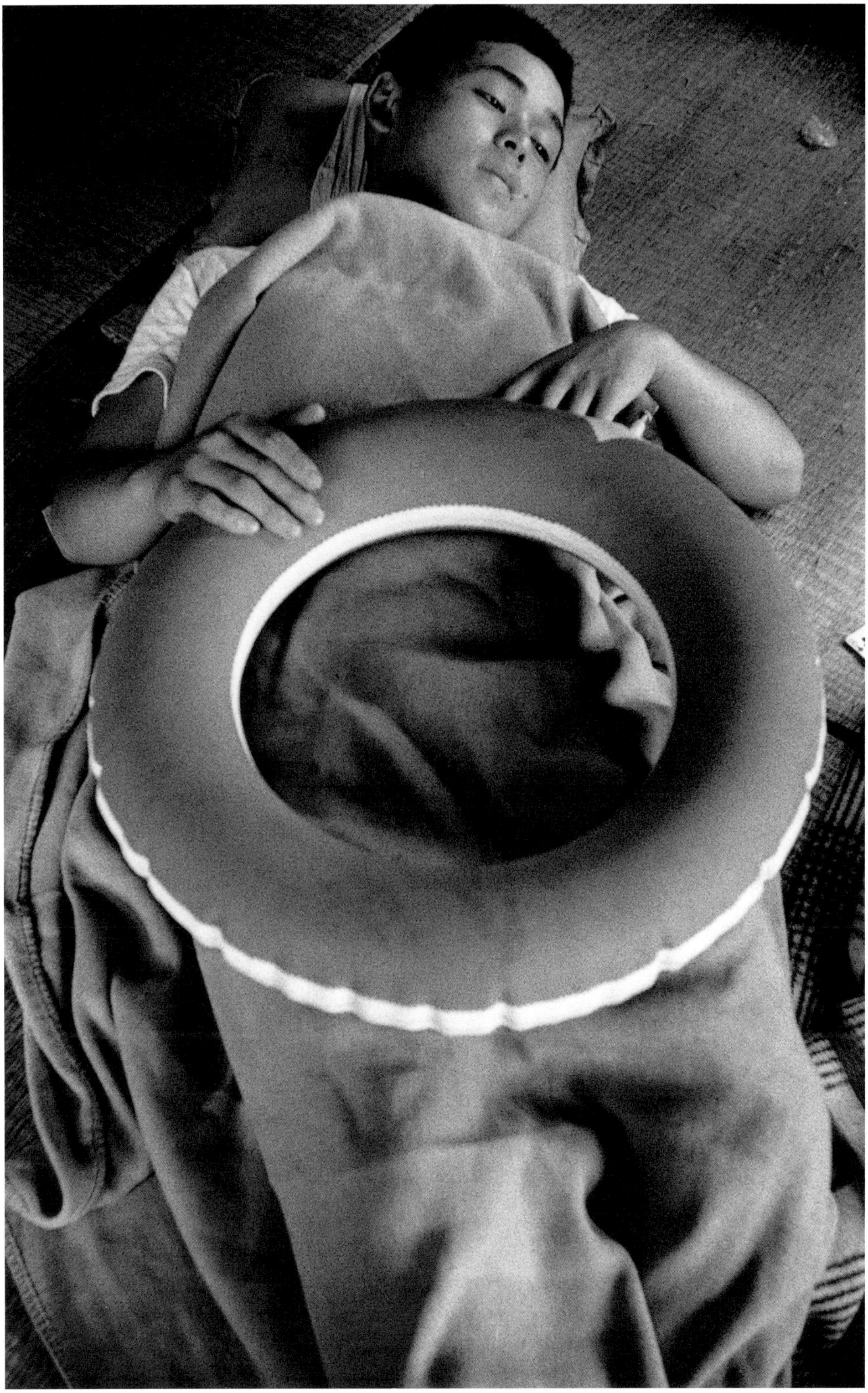

海の家の昼寝　さてどこの海の家だったのだろう。もっとも当時は「浜茶屋」といったものだが。ゴザのザラリとした感触、質感がなぜかあのころを思い出させる（1957 年）

修学旅行の楽しさ

「二度と帰らぬ思い出乗せて」と舟木一夫さんが「修学旅行」で歌いましたが、そんなヒット曲は後の話。

同級生数人に「高校時代で一番、思い出に残っていることは」と問い掛けたところ、やっぱり「修学旅行」と声がそろいました。

手元にコース図が残っています。一九五七年四月二十三日から三十日まで。まず日本海沿いに列車で長時間南下して、京都で下車宿泊。ケーブルカーで比叡山に登り、観光バスに乗り換えて奈良の法隆寺、そこから大阪へ出て大阪城を見学しました。

国鉄で岡山から宇野に回って、連絡船で四国は高松に渡り電車で琴平へ。金比羅詣での後は、高松経由で再び船で神戸に〝上陸〟。いやはや、いま考えるとなんとも強行軍です。

写真は、京都到着前の列車内のスナップです。朝から乗り詰め、外は暮れてしまい、床は散らかり放題。でも若いみんな元気いっぱい。話に花が咲いて、果物をほおばったり、お菓子を分け合ったり。貸し切りの「修学旅行列車」の気楽さがあふれていました。

手前は疲れたのでしょう、ずっと旅をともにした写真館の人です。

日が暮れた列車内　当時の列車は、内装が木でした。ごつごつしていたけど何かぬくもりが感じられました。修学旅行のあの高ぶり、楽しさが写真からにおい立ってきます（1957 年）

縁重なる五条通り

清水寺に嵐山、金閣寺といった京都の定番、名所旧跡ももちろん良かったのですが、私には市内見物で、ぶらりぶらり、それでいて興味津々で歩いた五条通りが一番、心に残りました。

そのときのスナップです。どーんと立派な、中国風の料理屋が目に入りました。友達のうしろ姿、真ん中に堂々と走るボンネットバスの雄姿。隣には外車でしょうか、レトロなデザインが懐かしい。

四十六年経て、京都で写真展を開くことになったのですが、修学旅行時に撮影した四カ所の新旧の情景を並べ比べました。

その際、驚いたのはこの中華料理店の跡地に建ったのは、世界的建築家の安藤忠雄氏が設計した「TIMESビル」だったのです。建築物は平成十七年、雑誌の依頼を受けて撮影していたのですが〝ここ〟とは気付きませんでした。

安藤さんは、拙著『東京の激変』を百冊も大量注文してくれたり、なにかと縁のある人なのです。二十五年前、マスメディア登場の記事を私が書きました。

当時を思い出させるのは、中央奥にあるペコちゃんの「不二家」でしょうか。看板など外観が変わったものの同じ場所に存在しています。

50年前の京都見物　「いなかのバスはおんぼろ車」とも歌われたが、京都のボンネットバスはどことなく威風堂々と見えた。不二家は同じ場所にあり今も目印になっている（1957年）

安藤忠雄氏設計のビルに建て替え
中華料理店「大津家」の跡地には、世界的建築家の安藤忠雄氏設計の商業ビル「ＴＩＭＥＳ」が建てられ関西の建築スポットとなった

大人も子どもも夢中

なんであんなに大ブームになったんだろう、いま考えても首をひねってしまう「はやりもの」があるものです。昭和三十五年ころ、爆発的という言葉がぴったりの人気となったのが「ダッコちゃん」でした。

　上昇気流だった景気に大きな関係があったのでしょうか、それは大変なものでした。子どもたちにはひっぱりだこ。女性のブラウス姿の腕にもダッコちゃんがとまってました。

　ビニール人形に息を吹き込んでふくらませ、腕や柱に抱かせるというだけのキャラクターでしたが、まさに町中にあふれるという感じでした。

　もう一つ忘れられないのが「フラフープ」です。このブームもすごかった。町中で子どもも大人も腰で輪をぐるぐる回してましたね。回しすぎて、腸捻転《ねんてん》ですか、おなかを痛くしてお医者さんに駆け込む子もいました。

　ダッコちゃんを抱き寄せて、とろけるようななんとも愛らしい表情の少女は、私の妹なんです。手っ取り早いモデルなんですが、十四も離れてることもあってなんともかわいく感じたものです。

ダッコちゃん　不二家のペコちゃんに続く、今でいうキャラクター商品なのだが、とてつもないブームではあった。写真を見て思わずひざを打った人も多いのでは（1960 年）

狭さもお構いなし

いまでも冬には、こんな風景が新発田にはあるんでしょうか。かまくらも懐かしい記憶です。

大雪だったこの年は、道路に積み上げられた雪がいつまでも残っていました。雪をどんどん積み上げて、中をくり抜けば子どもたちの格好の遊び場です。ミカンを食べたり、しちりんを持ち込んでもちを焼いたり、ゲームをしたり。

これはちょっとミニサイズでそこまでできたのか。でも子どもは狭いところが大好きだから明かりに浮かぶ表情がなんとも満足げです。

これも季節を象徴するカットになりました。市内を一周する勢いで歩き回り、ひょいと見つけた一瞬です。

撮影は予期せぬ出来事に出くわすことがままあるので、またある意味では出くわそうと撮り回るわけで、フィルムはもとよりレンズ、周辺機材など「準備万端」がとても大事です。

辛抱強く歩き回る、周囲に注意を怠らず。いざモチーフを見つけたらシャッターチャンスを逃さず目をこらし、確実な手応えがあるまで追っかける—そんな初心を思い出させてくれました。

かまくら　ぼんやりと雪に浮かぶ明かりの色。かまくらの中にも、ろうそくだろうか、明かりがともる。「ご飯だよ」と呼ぶ、お母さんの声が聞こえるころだ（1958 年）

隣近所にぎやかに

四季折々の晴れた日に遠出をするのは、なんとも心躍ることでした。

山や浜辺、あるいは河原で鍋や釜を持って飯ごう炊さん、という時代です。若い人たちには飯ごうといっても、何のことやらでしょうか。今なら肉を焼いてバーベキュー、あるいはイモ煮会でしょう。

家族で遠足。それをピクニックといえばハイカラな感じがしたものです。春先には当時は堤防改修前で、満開となればそれこそ豪華絢爛《けんらん》の加治川の桜見物が忘れられません。

胎内平でのワラビにゼンマイ、タラの芽といった山菜採り。夏には友達と連れ立って、自転車で汗を流しながら加治川で魚釣りです。もっと足を延ばすようになると、荒川や府屋の大川あたりまでアユやハヤ、カジカ釣りに行きました。思い出してもわくわくします。

笹川流れには家族で行きました。海水浴と瀬波温泉での一泊。これは楽しい夏の一日で、いつの間にか家族旅行で収まらなくなり、町内会の団体旅行にまで発展し、年中行事になりました。隣近所に町内、ほんとにみんな仲良かったんですね。

ピクニック　ちょっと時代は下って昭和 40 年代に入ったピクニック風景です。府屋の大川ですが、服装、髪型、どこか 30 年代とは変わっているようなのですが…（1969 年）

母たち大張り切り

夏はやっぱり、盆踊りです。夏だ、祭りだ、踊りだっ、というところでしょうか。

もう一つ興奮させたのが、秋の大運動会でした。小中学校の運動会といえば学校での最大イベントであり、町内も燃えたものです。自分の運動会も興奮しましたが、私には弟、妹が懸命に走り回る姿はそれだけでもドキドキしましたが、何より格好の被写体でもあったのです。

お昼ともなると、それぞれのゴザやらの上に弁当を開いて、おにぎりや卵焼き、おいなりさんに太巻きをパクついたものです。これがまた楽しみで楽しみで。

このひとこまは、町内会の見事な振り付けが評判を呼んだ「十日町小唄」で、実は手前に写っているのは、母のミヨキなのです。これまでたくさん撮り続けましたが、全くレンズを意識せず、夢中で踊る母のこのショットは、若く美しい肖像として一番好きな写真です。

八十九歳になりましたが背中もぴんとして、パーティーのときなど、舞うように歩む姿は年齢を感じさせない元気ぶりです。なんともうれしいことです。

盆踊り　秋期大運動会の昼休み、このときばかりは母親たちが大張り切り。全員息もぴったりに「十日町小唄」を踊ると、大拍手。ひと月遅れの盆踊りでもあった（1957年）

思わずほほ笑む姿

新発田で諏訪神社の例大祭といえば各町内の台輪の引き回し、職人町の獅子舞、それに子どもたちの大人気、金魚台輪が三本柱です。

どこか愛嬌《あいきょう》のある姿に表情。見てる方も思わずほほ笑んでしまうような魅力があるでしょう。夏のかんかん照りの中でこれを引き回すんです。

この厚和紙張りの金魚台輪は、高さが三メートル、最大幅二・五メートルですから、なんともジャンボな金魚です。真っ赤な魚体に白いヒレ、まん丸目玉は真っ黒―という、デザインとしても素晴らしいと思います。

子どものころから「工作少年」を自任している私は、もちろん厚紙で台輪の模型に挑戦、結構なものを作ったものです。

ボール紙のカメラや木製引き伸ばし機、さらにはボール紙を何重にも巻いて顕微鏡も作りました。なんとか月面を見たいものだと、天体望遠鏡に取り組みました。長さ一・二メートル、さらには三脚まで作って。これで月のひだをじっくり観測したものです。

こんな手作り感覚、なんでも試してみようという気持ちが、写真の道に生きているのだと感じます。

金魚台輪　これも昭和40年代に入ったひとコマ。抜けるような青空。ホットパンツなんて言葉はなかったが、若い母親のファッションが懐かしいような（1966年）

味わいある「一瞬」

秋の三之町（現大栄町）市場のスナップです。もちろんスーパーマーケットもジャスコもないころですから、町の商店街や市場のなんとにぎわったことか。前掛けやかっぽう着姿で、買物かごをぶら下げたお母さんたちでいっぱいでした。

おばあちゃんでしょうか、リンゴの品定めをする瞬間ですが、腰をかがめたことで味わいのあるシルエットが生まれました。

何げない写真に見えるかもしれませんが、被写体の動きを丹念に追いかけ、カットを重ねることで「一瞬」をとらえるんです。そんな会心の一枚なのです。

写大生のころ、新進気鋭の写真家集団「ＶＩＶＯ」で暗室のバイトをやりました。当時、注目一番の奈良原一高氏の写真史に残る名作「軍艦島」のベタ焼きをやった経験が忘れられません。

打ち寄せる波、その最大波をとらえた一枚。同じアングルから延々とシャッターを押し続けて「最高の瞬間」を決めたのです。その執念、その気迫に圧倒され、暗室の中で興奮に震えたことが、このカットを見るたびに新鮮によみがえってくるのです。

大晦日の夜　２階からふかんして撮った１枚。盆と正月は必ず「全員集合！」でしたが、最近はなかなかこんなふうには集まれなくなったのは、とても残念なことです（1976 年）

折々に浮かぶ情景

学生から、新潟の民放映画社に就職。終止符を打って再上京、当時、華々しく売れ始めた女性週刊誌に職を得て三年目に、有名芸能人のグラビア担当になりました。

インドネシアの大統領夫人のデビ夫人、世をときめかせた吉永小百合さんや加山雄三さん。とんでもない人気だったグループサウンズのタイガースとジュリー。目まぐるしいほどの忙しさの中で充実していました。

でも自分がやりたいこととどこか違うような感じがいつも抜けませんでした。「業界の人々」というのか、これにもなじめません。中には撮影に関して平然と袖の下を要求してくる輩《やから》もいました。

結局、女性週刊誌を辞めて広告会社を経て独立しました。そんな日々の中で思い出すのは「故郷」でした。

帰郷すると真っ先に足を運んだのは、子どものころから遊んでいた加治川堤でした。この風景なんです、新発田のシンボルは。二王子岳、飯豊の山懐《ふところ》に抱かれた新発田の町。離れている今でもちょっとつらい時や折々に、この情景が浮かんでくるんです。私の支えなのです。

二王子と飯豊　加治川堤から望む、二王子から飯豊に連なる山並み。田んぼの広がり、農家のたたずまい、白い雪。いつみても、素晴らしいとしかいえない情景です（1969 年）

雪の記憶

ソリを曳《ひ》く女性　大雪が降った新年の中町銀座通り。雪上輸送にはソリが欠かせなかった。車社会となった今では懐しい姿だ（1958 年）

降りしきる雪もシャッター1／125秒で止まった（1958年）

雪の中町の夕景。このころはまだこれだけの雪が降り、情緒を感じさせた。奥に旧第四銀行の塔が見える（1958年）

お嫁さんの気分で

「飯事」と書いてままごとです。テレビのない時代ですから、学校から帰るとランドセルを放り投げて、男の子は野球に相撲、それにチャンバラごっこに夢中でした。女の子はなんといってもままごと遊びでしたね。道端のあちこちで、二人やグループで食器や材料を広げていました。

日がだいぶ傾いたころに、砂利道に印《しる》された長い影、ランニング姿でバケツを運ぶたくましい腕やゲタ履きのおばあちゃんのほっかむり。光に浮かぶのは時代の雰囲気です。

町中を流れる新発田川の川べりにはセリやミツバがあって、網で捕まえたフナなんかも小さな皿に並べられました。いま考えるとままごととはいえ、なかなかリアルな「夕げ」を見かけたものです。

裏通りで見つけたこのままごと遊びは姉と弟でしょう、男子と女子の珍しい組み合わせが目を引きました。手前には三輪車。菜っ葉をちゃんと刻んで並べています。ごちそうですね。お嫁さんの自分が思い浮かんでいたんでしょうか。もう一組のままごとの跡が見えますね。

ままごと　これぞ「井戸端会議」。夕日を浴びてじいさんばあさんがのんびり話し込む手前にはままごと遊びの図。演出したかのような構図になりました（1958 年）

鮮魚求めにぎわう

どうです、このにぎわい、この威勢のよさ。新発田中心部の魚屋さんの一コマです。

スカーフをかぶったお母さんに、マントで丸まった背中は懸命に魚を選んでるのでしょう。はちまきをきりりと締めたお兄さんの後ろ姿はやけにりりしいし、ひもでぶら下がったかごは、昔の〝レジ〟です。ここに小銭やら札が入ってたもんです。

電話番号はまだ局番がないころなんですね。その下のポスターが、なんとリアルに時代を伝えていることか。

冷蔵庫もないこのころは、お母さんたちが毎日、買い物かごをぶら下げて、近所の商店街で魚に野菜、コロッケにたまにはごちそうの肉を買い物してました。

私はすっかり東京暮らしが長くなりましたが、サカナはやっぱり新発田がうまいっ、と今でも思っています。

もうひとつ。漁業新聞の仕事で若いころに、冬の岩手は大船渡のイカ釣り船に同乗取材したことがあります。マイナス五、六度。一晩中凍えた後でのイカの刺し身のうまいのなんの。この写真を見ると、そんなことまで思い出されます。

買い物　年の瀬、鮭《さけ》が何本もぶら下がっている。夕方ともなると買い物のお母さんたちで商店街は何ともいえないにぎわいに包まれた（1958 年）

我が家の味ガブリ

笹だんごといえば、忘れられないのは東京での学生時代です。下宿先に届いた小包を開けると、中にはいっぱいの笹だんごにチマキ。故郷と季節と、親のありがたさと。笹のにおいと一緒にそんな思いがあふれました。

下宿仲間は鹿児島や広島、全国各地から来てましたが、この笹だんごにはみんながそのうまさ、その意匠にびっくり。たいした郷土食だとほめられるのは、とってもうれしく、ちょっと誇らしいことでした。

もっとも我が家は、和菓子屋。笹だんごの季節、端午の節句ともなれば目の回る忙しさです。

そのうえ、六人兄弟とあって家族用のだんごもたくさん作ってくれました。あんこの甘さを抑えて、ヨモギを多めに効かせた笹だんごで、これがまたうまいっ。大人でもご飯代わりに食べられる笹だんごでした。

今では年中売ってるし、東京でもターミナル駅やデパチカ（デパート地階の食品売り場）でいつでも買えるようになりました。あのころは家庭で手作りが当たり前。みんなが「うちんのが一番うんめ（おいしい）」と、自慢し合ったものです。

笹だんご　私の専属モデル、妹が３歳のころに撮りました。笹だんごにかぶりついている顔と手、それにあんよの表情がかわいい一枚です（1956 年）

甘い物に誘われて

ハンバーガーショップにコンビニ。お菓子やらなにやら、お手軽にいつでもどこでも買えるようになりました。

でもこのころはどこの家でも、お母さんやおばあちゃんの手作りが当たり前。サツマイモをふかしたり、かきもちを網渡しで焼いたり。写真の蒸しまんじゅうの店はどこなのか、今となっては定かではありません。このごろは肉まんが人気ですが、このころはなんといっても甘い物が大人気。これはやはりあんまんだと思います。

とにかく大人も子どもも甘い物には弱かった。

コンペイトーにはったいこ。アイスキャンデーにサイダー、シトロン。

アイスボンボンなんてのもなんとも懐かしい。いつもびっくりさせられた、ポンせんべいもありました。

森永は上等で高かったけれど、一粒食べれば三百メートルのグリコに、やはりおまけ付きのカバヤキャラメルが大変な人気でしたね。どんぶりに入れて熱湯を掛けて三分間じっと待つ、あのチキンラーメンにはほんとにびっくりしたものです。

戦中戦後の食糧難の記憶が濃厚なわたしたちの世代、食べ物の話は止まらないんですよ。

蒸しまんじゅう　雪の中、ピープーと鳴る音と湯気に誘われた買い物の親子でしょうか。配達用のガッチリとした自転車も存在感を漂わせています（1958 年）

越後の翁の楽しみ

謹厳実直。写真からそんな言葉がにおい立ってきませんか。

重厚な板障子、がっちりとしたいろりにきちっとならした灰、黒光りがどんと伝わる梁《はり》。働き抜いたひざの上の手、一方でさかずきを持つ手の表情。真っ正面にきちんと見据えた目線がまた素晴らしい。

このじいさんは、私の叔母が嫁いだ、村上・岩船の回船問屋の舅《しゅうと》さんです。私にとっては〝越後の翁《おきな》〟ともいう人で、季節ごとに訪ねては話に聞き入り、また写真を撮ったものです。

六十近くまで現役で船を操っていましたが、終戦で長男が帰ってくると隠居さんになりました。楽しみは何より好きな日本酒の晩酌でした。

まだテレビの時代ではありません。きっと大きなラジオからは、「剣をとっては日本一のー」と赤胴鈴之助とか、「ヒャラ~リ　ヒャラリコ」と笛吹童子の連続ラジオドラマが流れていたんでしょう。それとも「旅ぃ行けば~」と虎造の浪曲でしょうか、落語でしょうか。そんな昭和の音まで聞こえてくるような気がします。

晩酌　いろりの角に、とんと置かれた銚子。その脇のお膳《ぜん》にはどんな肴《さかな》が載っていたんでしょうか。ゆったりと晩酌を楽しむ姿を思い出します（1977 年）

われ先に取り合い

夏の、大きなスイカは心躍るものでした。当時はまだあちこちにあった井戸の冷たい水で冷やそうと、スイカをつるしたものです。

スイカを切り分ける時はもう、さわぎです。どれが大きいか、うまそうか甘いのか。じっと見ていて、もうわれ先に競って取り合ったものです。

春はイチゴにサクランボ、秋になればイチジクにクリ。新発田は果物もうまいところなんです。もちろん米も野菜も、地のものでこれまたうまい。

あのころの母親は大変でした。ご飯はお釜で炊くのが当たり前。丸くて重いふたには、「二の字」の取っ手がついています。まきが多かったけど、ガスもありましたか。炊けるとおひつに移しますが、楽しみは釜の底にできるおこげです。これはうまかった。

そのファッションはというと、姉さんかぶりにかっぽう着。法事や祝い事などになると、手伝いの女性陣はたすきがけでしたね、きりりと。エプロンじゃなくて、「前かけ」といったのも懐かしい。夕方には前かけに買い物かごを下げての買い物が定番でした。

スイカ　できのいいスイカの大きさを表現しようと、男の子たちに並んでもらいました。この子たちも警察官になったりして今や立派な社会の中堅。時の流れの速さがこの一枚に写し込まれています（1976 年）

光と影　喜び満ちて

写真の祝い膳《ぜん》は、結納です。実は私の家族と親類が、妻の家へ結納に訪れたときの一枚です。自分の結納を撮るというのも変ですが、撮らずにはいられない、何でも撮ろう撮ってやろうの精神でした。

ガラス越しのあふれる光、逆光に浮かぶ笑顔、たゆたうたばこの煙に、すっかり気を許したあぐら姿。尾頭付きに、並ぶ銚子《ちょうし》が祝い膳の喜びを醸し出しています。

こんなときは着慣れない物を着ました。スーツなんて言いませんでした。背広です。青い背広で心も軽く——なんてもんです。

運動会の応援に来るのも背広にネクタイ、というお父さんも多かった。

その一方で、夏ともなればステテコでした。これも今や死語でしょうか。

それはともかく、こんな冠婚葬祭のときに引き出物として和菓子が出るんですが、これがわが家の家業。出来上がった式菓子を運ぶのがまた一仕事でした。いつもはリヤカーで、雪のころはソリに積んで父が引っ張り、私と弟が後ろを押したものです。みんなみんな夢のように昔のことになりました。

祝い膳　自分の結納を、カメラ構えて撮影している自分がいるわけです。お膳という言葉も使われなくなりましたが、心尽くしの料理が並び、両家の思いがあふれた一枚です（1968 年）

いつでも同じ格好

加治川に近い集落での一枚です。おかっぱ頭にもんぺ。当時の定番、というより服なんかそんなにいっぱいはありませんでしたからね。みんな、いつも同じ格好でした。なんだか、下見板張りの背景にとてもマッチしています。

私事ですが、妻は旧東町、諏訪神社（新発田市諏訪町）に近いところで育ちました。女の子のことはよくわからないので、妻と二人であのころを思い出し思い出しながらこの項を書いています。

以下妻曰《いわ》く——です。

桜の咲くころになるとズボンを脱ぎスカートになります。とてもうれしいものでした。着る物は姉のお下がりが当たり前。上着やズボンはミシンで縫い、セーターは母が夜なべをして作ってくれました。手袋やマフラーは自分で編んだ覚えがあります。

夏は簡単服、今で言うワンピース一枚、お母さん方はアッパッパでしたね。冬はマント、ハーフコートはハイカラさんでした。

ゲタだけはお下がりとはいかず新調してもらいました。とてもうれしく、晴れがましかったことを覚えています。

おかっぱ頭　姉さんかぶりにかっぽう着、ねんねこ、綿入れ、たすき掛け。すっかり消えた物もある。おかっぱ頭もその一つだろうか（1958 年）

道路で遊び楽しく

妻は、思い出し思い出しながら、楽しそうにあのころを語ります。

女の子も、学校から帰るとランドセルを放り出して外に飛び出しました。道路が遊び場でした。ままごと遊びに、石けりやかんけり、ゴム跳びもしましたね。

天気占いも懐かしく思い出します。ゲタをはいたまま、ぽーんと空に放り上げます。カランコロンと落ちたゲタが、表が出れば晴れ、歯を出して裏が出れば雨。たわいもないことでしたが、それがなんとも楽しくって…。

まだまだ車なんか走ってなくて、自転車にリヤカー、牛車や馬車が堂々と通りを歩いていました。のんびり、という言葉がぴったりでした。

のんびりといえば、隠れんぼをしていてね、うまく隠れすぎてなかなか見つけてもらえない。だんだん心細くなってしまって、とうとう自分から出て行って見つけてもらったことがあります。もちろんみんなで大笑い。

はっと気づくと、もう暗くなっていて、そんなときの心細さ。あわてて帰った、家の灯《あか》りの温かさ。思っただけで胸がいっぱいになります。

ないしょ話　ひさしの下で、なぜか傘をさして女の子５人が「ひそひそ話」。正座で真剣な様子が、またいい。折よく、角巻のおばさんが通りかかりました。げたの動きをとらえたシャッターのタイミングが絶妙（1958 年）

ごちそうに胸躍る

はてあのころは、何を食べていたんだろう、と夫婦で話し出したら止まりませんでした。

なんといっても、ごちそうという言葉が実感できましたね。正月のおおごちそう、ライスカレーにあがる歓声。うちは和菓子屋だったんでそんなこともなかったけど、妻はなんといっても〝あれ〟よね、といいます。

親が結婚式などの引き出物にいただいてくる、生菓子の大きな箱。あれです。菓子箱の大きさにドキドキ、ずっしりとした重さにワクワク。あけると中には桜色も鮮やかな大きなタイ。つるかめにエビ、巣ごもりなどみんな生菓子、全部あんこ。母が取り分けるのをまたまたドキドキしながら見てたそうです。

それに食べ物やちゃぶ台にちゃんと季節がありましたね。春にはタケノコ、ワラビ、ゼンマイ。端午の節句には笹団子にチマキはどこの家でも作ったものだし、夏はスイカにすっぱいすっぱい夏ミカン。秋にはサツマイモをふかしたり、かぶりつくとじゅっとくる紅玉リンゴに二十世紀ナシ。冬は母が手作りしたかきもちやアラレ。どれもこれもなんとうまかったことか。

いらんかねぇ　野菜売りです。トラックの荷台に立ち上がり、メガホン代わりに蓄音機のスピーカーで呼び込み中の図です。２人の子どもの見上げる目が、なんと真剣なことか（1958 年）

し烈おかず争奪戦

どこの家も子だくさんでした。五、六人は普通で十人、十一人なんてところもありました。町中に子どもがいっぱい。みんな外で遊ぶから、それはそれはにぎやかなものでしたよね、あのころは。いまは子どもが少ないうえに、テレビゲームだ、塾だ、おまけにとんでもない犯罪も起きるから、子どもたちが元気に遊んでる風景なんてめったに見られません。寂しい時代です。

子守、なんて言葉はもう死語でしょうか。兄や姉の大事な仕事、役割でした。小さな弟や妹を背中にくくりつけて、それでも遊ぶんです。いつの間にかすっかり暗くなって、夜空にコウモリが飛ぶころになるとあっちこっちから母親の「ご飯だよう」の声が聞こえてきます。

ご飯がまた大変でした。みんながそろって「いただきます」。さあ、一斉にハシがのびる。おかずの取り合いです。ぼやぼやしてると、あっという間に空っぽ。しくしく泣き出す弟や妹がいたものです。そんなときは、母がちゃあんと別に取っておいたんですけどね。

今はバラバラに食事を取る個食の時代になりました。

子だくさん　夕日を受けた幼い３人は兄妹でしょうか。父に抱かれた幼子をあやす姉、あてんこをした弟はよちよち歩き。砂利道の質感と、そこに長く長く伸びる影を撮りました（1958年）

エサ係愛情じわり

新発田といえば「シバタサーカス」です。木下サーカスなどとともに日本三大サーカスといわれ、それはたいしたものでした。

大テントの中は別世界です。トラや馬、猿などの曲芸や空中ブランコ。それはそれは興奮と感動の連続でしたね。そんな動物たちがいたのが、今はない「月岡動物園」でした。年配の方は遠足で行ったのではないでしょうか。

わが家では動物好きの父が、ウサギやニワトリ、カナリアなんかを飼っていました。私はエサ係を命ぜられましたが、だんだんかわいくなっていくんですね。次郎、三助とか鳥丸などと名前を付けてかわいがりました。

ところが年夜（おおみそか）になると、父が一羽を締めて鳥鍋になるんです。それでいまだにトリが苦手なんですよ。あとは保健所の野犬狩りも怖かった。

それと「伝書バト」ブーム。これもすごかった。屋根の上に金網を張って小屋を作って。「いかに新婚ほやほやだとて　伝書バトでもあるまいものを」なんて、「おーい中村君」の歌がはやってたころですね。

生きものたち　子犬の愛らしさに、当時の動物をあれこれ思い出してつづってみました。学生服に学生帽、名札に丸めがね。少年たちの思わずこぼれた笑顔と、少女の硬い表情の対比も面白いと思います（1958 年）

行く夏惜しみ興奮

なんといっても新発田っ子の心ときめくことは新発田祭りです。夏休みも終わるころの八月二十七日から始まります。この時期は大体が、宿題はたまってるは、遊びたいはでお弱りでしたね。それでも早朝から始まる台輪の曳《ひ》きだしときけば、もういてもたってもいられない。

　前の晩からそわそわ、うきうき。もう胸が高ぶって。空が白み出すころにはもう家を飛び出して、それっと下町へ。早くも「わ組」の台輪が。えんやえんやのかけ声とともに曳きだしが始まってます。わ組をためつすがめつ見ると、お次は「一番組」へと駆けて。これは屋根に輝く黄金の妻飾りが素晴らしい。今度は町中へ戻って「両町」や「三之町」「四之町」、そして「泉町」を楽しんで。そのころにはかけ声が重なり合って、それはすごい熱気です。

　大鳥居をくぐり、諏訪神社前の広場にはいると、六台の台輪がぶつかり合い、もみ合い、もう最高潮。こっちも大興奮です。新発田祭りの終わりと一緒に、新発田っ子の夏休みも、あっという間に終わるのでした。

新発田祭り　祭りの縁日ももちろん大興奮でしたね。蒸気パン（新潟でいうポッポ焼き）やら、ずらりと並んだ屋台。それに金魚すくいも人気でした。頭のてっぺんや指の表情がかわいらしい（1958 年）

心に響くモノクロ

小学校までは、仲間、友達と遊ぶことが生活のすべてのようなものでした。でも中学に入ると部活で野球やバスケットなどスポーツにいくものと、音楽や科学などに目覚める文系とに分かれました。

私は少年合唱隊に入り、熱中。コンクールにも上位入賞を果たしましたが、早期の変声期で挫折してしまいました。でもカメラがあります。どんどんカメラにのめり込んでいきました。そんな中で映像という共通点でしょうか、映画にも夢中でしたね。市内には銀映、文映などといった映画館が三つ。文部省推薦となると割引券が出ました。もう必ずいきましたね。

ディズニー動画のはしりだった「白雪姫」、涙があふれた「禁じられた遊び」忘れられません。邦画では「二十四の瞳」「ひめゆりの塔」に、子供心に深い深い感動を覚えたことが昨日のことのようです。

新発田出身同士。七枚の写真を見ながら、妻とあのころを思い出し、語り合いました。モノクロ写真の向こうに、なんといい時代があったことか。そんな深い思いにとらわれています。

少年時代　夏の少年はランニングに半ズボン、体操ズボンが定番でした。さて何をして遊ぼうか、思案中の２人の少年。元気いっぱい、質素な身なりは気になりません（1958 年）

家族の記録から

少年雑誌の付録のボール紙製のカメラに始まり、強度を得るためバルサ材でボディを作り、レンズとシャッターは付録のものを活用しました。被写体は常に家族でした。撮り方は正面を向いたいわゆる記念写真でスタートしましたが、やがて暮らしのさまざまな場面をスナップするようになりました。

現像やプリントは付録のキットで覚え、薬剤をセレクトして使いました。プリントは密着焼きなので名刺の半分しかありません。折しも工作雑誌に木製引き伸ばし機の設計図が載っていたので、自作して引き伸ばしができるようになりました。

幼いころの弟妹たちのカットはほとんど自作のカメラで撮ったので、少しシャープさに劣る絵柄もありますが、今になると貴重な記録となっているのです。

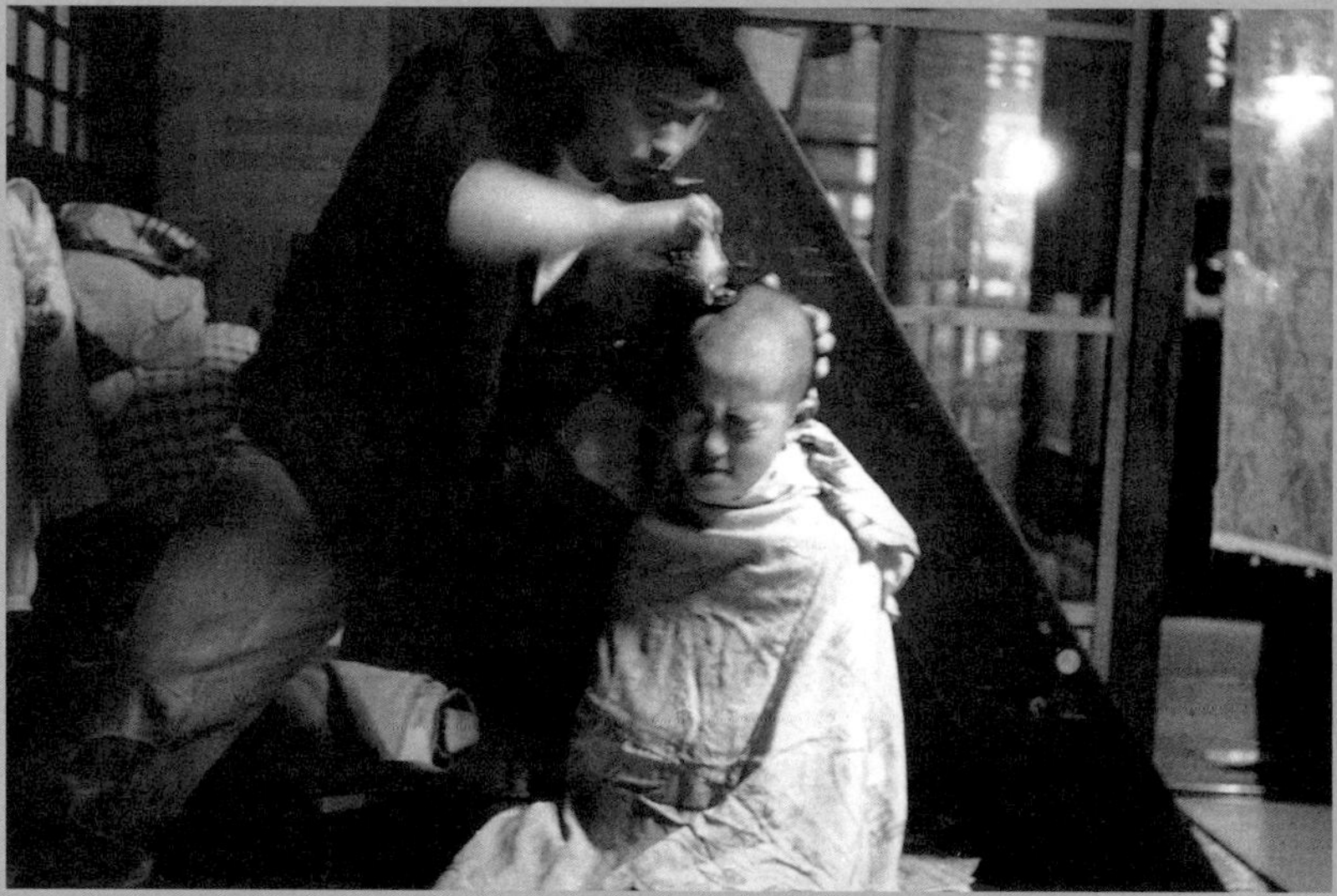

バリカン刈り
小学生の四男・広司が、菓子職人の高橋さんに頭髪を刈ってもらっている。当時は年上が下の家族を刈るのが当たり前だったが、床屋のようにうまくいかず、こんなしかめっ面がよく見られた（1955 年）

即席の小さな池
使い古しのセメント製のシンクに庭先で水を張り、川で捕った小魚を飼っている弟たちの幼いころのスナップショット。左が三男の静男（1956 年）

三輪車の妹
　カメラはシンプルでも記録としての写真が撮れることは大きな喜びを感じた。家族の中で二女の美代子は格好のモデルだった。姉からのお下がりの三輪車にうれしそうに乗る二歳後半の愛らしい姿は、本人にとっても宝物だ（1955 年）

木風呂
　懐かしい丸型の木製浴槽に仲良く共浴しているのは左が二男の鉄夫、右が四男の広司です。燃料はたき木で、煙突により排気するので安全だった（1955 年）

撮りあきない表情

わがふるさと新発田のシンボルといえば、何と言ってもお城でしょう。

辰《たつ》巳《み》櫓《やぐら》に三階櫓。石垣、お堀。本丸表門は今ではすっかりきれいになりましたが、昭和三十年代のころは壁がはがれ落ちる、落書きはあちこちにとくたびれ放題でした。

三橋美智也さんの「古城」という歌が街角に流れていました。「栄華の夢を」とか「崩れしままの石垣に」などという歌詞が思い浮かびます。

高校二年の時に本格的35ミリ判カメラを手に入れると、毎日町に飛び出しスナップしていましたが、行きか帰りには必ず城に寄ることが習慣になっていました。

四季折々。朝に晩に。城はいろんな表情で迎えてくれました。撮っても撮っても、撮りあきるなんてことはありませんでした。手元に残る当時の城の姿は、朽ちて荒れて、なお立ち続ける、いたましささえ感じるカットばかりです。

わたしは新発田城に合うたび、見るごとにこんな思いにとらわれるのです。城の姿の向こうにあのころの自分が見える―と。懐かしさで胸がいっぱいになります。新発田城が大好きなのです。

新発田城　写真を撮り始めたころは毎日のように。東京へ出てからは、帰郷すれば必ず撮影していた新発田城。わたしの被写体の原点なのです（1957 年）

手堅い造作に好感

お殿様が住むのが城。侍が住んだのが武家屋敷です。

清水園の一角に移築・復元されたのが、この写真の武家屋敷ですが、築百五十年、江戸時代後期に建てられ、〝木と紙〟で造られた、文字通りの木造住宅です。

昔の八軒町（現中央町）にあったもので、保存状態も良く典型的な武家屋敷として、横越（新潟市）の北方文化博物館や文化庁、名人芸の宮大工さんら関係者の尽力で入念に補修もされ、再建されました。

七十石の禄《ろく》をはんでいた家ということですから、なかなかの武士だったようです。

建築写真家として数多くの和の住宅を撮り、見ているわたしから見ても、質素な杉磨き丸太の床柱やきっちり張られた竿縁《さおぶち》天井など、派手なところは何ひとつない実に手堅い造作がとても好感が持てるのです。

座敷をめぐる縁側など、暮らしに必要な部位は過不足なく備えられています。そのシンプルな美しさ。

向かいには新発田川をはさんで足軽長屋があります。あわせて、ぜひ歩いてほしいものです。

武家屋敷　その堅実な造り。暮らしやすさに徹した、無駄のない落ち着きのある武家屋敷は、ぜひ自分の目で見てほしい建築物です（2000 年）

粋極めた和の空間

和の粋がここにあります。

新発田藩溝口公の下屋敷です。純京都風の広い回遊式庭園には池がしつらえられ、築三百年あまりの数寄屋建築は「粋を極めた」といっても過言ではありません。

庭園から座敷を眺めるのもすばらしいのですが、座敷から庭に向けた景観が、すばらしい、の一語です。柱、梁《はり》に枠取りされた、和の空間のパノラマを構成したすばらしさ、見事さ。このカットは、庭園に面した縁側からアプローチ方向に見返したところです。庇《ひさし》裏の垂木と野地板に木造建築の強さ、しなやかさ、三百年の歴史の重みを感じます。上の二重菱形《ひしがた》の欄間がなかなかの妙味。

主に建築家からの依頼で建築物、住宅などの竣工《しゅんこう》撮影を行っていますが、かたわら数寄屋を中心とした和風住宅のカレンダー制作も行っています。

和の住宅はやはりすたれるものではありません。歴史ある数寄屋建築が年々少なくなる中で、清水園のようなすごい建築物が町中に、それも完《かん》璧《ぺき》な姿で残っている新発田。これは新発田の喜び、郷土の誇りだと思っています。

清水園　溝口４代藩主のころ、１６９３年に完成した風格ある数寄屋建築。そこにいるだけで歴史の重さがじんわりと感じられます（2000 年）

地域見守り３世紀

新発田総鎮守諏訪神社。「お諏訪さま」と呼ばれ、新発田っ子に親しまれている地域の守り神です。一九五八年。高校生のころ、市内をカメラ行脚していたときに、松の大木越しに社殿を撮影したことを覚えています。

その四十一年後の帰省時に、逆のアングルから偶然、西日に映える美しい姿をカメラに収めていました。それがわずか二年後には灰燼《かいじん》に帰すとは。なんとも驚きであり、残念なことでした。

その由緒をたどると、初代藩主秀勝公が新発田城内に遷座して後、町内を転々として、一六八八年に四代重雄公が現在地へ遷座したようです。

七代直温公が社殿を建立して以来、明治、大正、昭和と鎮座してきました。それが二〇〇一年、不審火で全焼という、なんとも残念なことに焼失してしまったのです。

妻はお諏訪さまの近所で育ったのですが、境内は格好の遊び場だったそうです。かくれんぼに一寸ゴム。語ると尽きません。あるいは年夜に詣でて除夜の鐘を聞き、帰りに食べたラーメンのうまさ、あったかさ。新発田っ子にはお諏訪さまの思い出はあふれるのです。

諏訪神社　夏にはせみ時雨が降り注ぐ、いにしえの諏訪神社。消失したが市民らの協力もあって、立派に再建されたことがとてもうれしい（1958 年）

消失前の神社　帰省時に偶然、西日に輝く全姿を撮影した。長い年月を感じさせる造りが懐かしい。この２年後に不審火により消失したのが惜しまれる（1999 年）

豪快な丸太縦横に

城下町新発田とあって「和」のイメージが強いのですが、どうしてどうして、洋風にも優れた、素晴らしい建築があります。全国の建築家有志、あるいは建築家を目指す学生が詣でる名建築。中央町にある「新発田カトリック教会」がそれです。

チェコ生まれの建築家、アントニン・レーモンドが設計し、一九六五年に完成しました。れんが積み、丸太組みによる混構造で豪快、かつ緊密な空間を生み出しています。

彼はF・L・ライトとともに来日、帝国ホテル建設に従事。独立後、東京女子大学、アメリカやイタリアなどの大使館を設計し名建築家として名を残しました。

この教会は折しも生まれ変わったカトリック礼拝の方針を採用しています。それまで司祭が信徒を率いて正面に向かうという形でしたが、司祭と信徒が対話するという形になったのです。

築後四十年を経て、日本建築家協会が選定する「25年賞大賞」に輝きました。この名建築の前庭に、市が工事を進めている都市計画道路が食い込みました。景観は大丈夫なのでしょうか。ふるさと新発田の大事な財産です。心に食い込むのです。

カトリック教会　荒川町で焼かれたれんがと村上産の杉丸太で、柱、梁《はり》が縦横に飛び交うダイナミックな空間が生まれました（1998 年）

貧しい中にも元気

新潟市の「海辺の集落」を知ったのは、昭和三十四年、カメラ雑誌「写真サロン」での、ある連載でした。尊敬する、偉大な写真家・濱谷浩氏が「裏日本」各地を撮影行脚した連載に、新潟の「広小路浜」の集落があったのです。

写真大一年のわたしは早速、カメラを手に出掛けました。真冬。寒風吹きすさぶ―の言葉通り、猛烈な風と波の音がとどろいていました。十戸あまりのバラック建てといっていいんでしょうか、家が立ち並んでいました。

濱谷氏はこんなふうに書いていました。「町の生活に敗れた人達が追いつめられてこの海際に住みついた。高潮は家に突入し、風は屋根を剥《は》ぎとっていった。しかも尚《なお》住みつかなければならない彼等である（原文のまま）」

春休みに再訪しました。そのときの一枚です。どんな貧しい中でも、子どもたちは元気でした。元気があふれているのです。あのころの子どもたちはほんとうに元気でした。子どもたちが町を走り回っていましたよね、懐かしさが胸にあふれます。

海辺の集落　屋根の向こうは海。戦後、大陸から引き揚げた人たちの集落と聞きました。この子たちはずっとわたしの後をついて回りました（1959 年）

豊かさの陰に衝撃

「たけのこ生活」に「ニコヨン」「粉ミルク」や「米穀通帳」。いがぐり頭か坊ちゃん刈りの男の子の姿。そんな貧しさもようやく薄らぎ始めた時代でした。

バスはまだ鼻が突き出ているボンネットバスでしたし、大きながま口から切符やおつりを取り出す車掌さんがいたものです。リヤカーがオート三輪に、そしてミゼットに変わるころでもありました。テレビにはまだ垂れ幕が付いていましたが、それでもようやく家庭に普及し始めたのです。

そんなころにこの「広小路浜」に出合ったのです。水道はなく、路地脇の共同の水場にバケツで水くみに来ていました。壁や屋根も板で囲っただけの家。若いわたしには、とても衝撃的なことでした。

それでもわたしは、新潟だけではなく遠く魚沼へ撮影旅行に出て、にぎわう「市」や祭りを被写体にし、さらに写真に、カメラにのめり込んでいったのです。

写真大を卒業後、三年間、新潟市内でテレビ局系の映画社に勤務。下宿しながら古町に繰り出したものです。新潟はわたしの青春の町なのです。

はずむ元気　跳ね上げ式の窓から飛び出そうとしているのか。ゴムまりのようにはずんだ元気さを感じさせる少女だった（1959 年）

質素なバラック造りの家々　日本海際のがけ状の台地にひっそりとたたずむ集落は、極限に近い造りの家が建ち並んでいる。電柱が見えるから電気は通じていたようだ（1959 年）

集落の雪景　打ち寄せる白波の響きと寒風吹きすさぶ、まさに地の果てのような地域になぜ住まなければならないのか。想像を絶する暮らしだ（1958 年）

極寒の中での作業
　このような環境の中でも人が暮らし犬が飼われている。何を食べ暖房はどうしているか。撮るのに精いっぱいで聞かずじまいだった（1958 年）

共同の水場
　バケツやボウルで代わる代わる水くみに来ていた。この集落は 6 年間のみ存在したという（1958 年）

町に向かって滑降

新潟市内の中心部は海岸が高台になっているため、どこも町に向かって坂道になっています。

寄居浜のあたりもいい坂があります。ここに雪が降ると、格好のゲレンデに早変わり。お手製のソリに、竹スキー。車もめったに通りませんから歓声が響き子どもたちの天国でした。

坂の上に立つと、素晴らしい見晴らしでした。高い建物もなく、木造住宅が建ち並び、木々も多くて情緒あふれる新潟の町でした。

前回の「海辺の集落」は、この近くです。その落差にわたしは考えさせられたのです。人間が生きるということは何なのか。生きる、暮らすということはどういうことなのか。若いわたしに、突き刺すように問い掛けてきたのです。

四十年以上経た二〇〇二年、再訪しました。昭和三十年代と現代の東京を対比させた「東京の繁華街定点四十年間の変貌《へんぼう》」写真展を東京で開いた折、「新潟版」をやろうと思い立ったのです。

あの坂に立って、がっかりしました。風情も情緒もどこかへいった風景が広がっていました。あの「美しい新潟」はもうありませんでした。

雪の坂道　坂を登る女性がポイントです。竹スキーやソリで思い思いに爽快な坂くだりを楽しんだ（1958 年）

雪の坂道Ⅱ　上の写真の坂下から見返したところ。いかにも昭和の風情を感じさせる木造の民家が段々に軒を並べ、手製のソリで遊ぶ子供たちの声がこだましている（1958 年）

胸打つ女性の苦労

海から離れた新発田育ちのせいでしょうか、海が大好きです。白砂青松、砂浜と松林がどこまでも続く、加治川の紫雲寺から胎内川の中条あたりの穏やかな海岸も好きです。

新潟市内の海岸線は、砂浜からがけが切り立ち、ちょっと様相が違いました。新潟駅から万代橋を渡り、町歩きを楽しみながら坂道を登る。登り切ると、ぱあっと開ける日本海。その一瞬が素晴らしいんです。

波の表情が刻々と変わり、消波ブロックに打ち寄せる、そのダイナミズムがたまりません。じっと目を凝《こ》らし、シャッターチャンスをねらいます。ずっとずっと、見つめ続けます。学生時代から新潟の海には通い続けたものです。

ある日、波に流されまいとしてか、突堤につかまりながら何かを拾い集めている婦人を見つけたのです。収穫物を束ねて上がってきました。

海岸に流れてきた海藻のギンバソウでしょう。懸命に集めます。厳寒の日本海です。手がかじかむでしょう。足が凍えるでしょう。主婦でしょうか。その苦労に胸を打たれながらシャッターを押したのでした。

海から“恵み”　穏やかな釣り人が並ぶ海岸も、ひとたび荒れれば人っ子一人いなくなりますが、どっこいこんな海の恵みもありました（1959 年）

黒煙の映像に仰天

昭和三十年代最後の年、三十九（一九六四）年。県内は終わったばかりの新潟国体の晴れがましさがあふれ、そして日本中が秋の東京オリンピックにわくわくしていたのです。

いきなりのことでした。新潟地震です。わたしは当時、部数を競い合っていた女性週刊誌「週刊女性」の写真部に所属していました。

その日はモデルさん二人を連れて十五人ほどの大部隊で、伊豆に「お作法」の撮影に行っていたんです。着付け、食事のマナーなんてのが大テーマ。「実用ページ」といってましたが。

グラッ、ときて「おや、地震だ」「どこだろう」なんて感じでした。夕方、宿に戻ってテレビニュースで、昭和石油から黒煙が上がるあの映像で仰天しました。「大竹、帰れよ」といわれましたが、「仕事終わってから帰るしかねえなあ」なんて思ったことを覚えています。

新発田の実家は大丈夫ということも確認したので、まずは一安心。十日後、ようやくデスクから二日の休暇が出ました。友人のフリー記者とともに、いざ新潟へ。はやる気持ちを抑えて上野駅に向かったのです。

新潟地震に出動　地震から10日後の昭和石油。まだあちこちから黒煙が上がり、靴の底からは熱が伝わってきました。カメラを構えたわたし。友人と撮り合ったのです（1964年）

「近代」の象徴無残

気はせくけど、なかなか休めませんでした。十日後、ようやく新潟に向かいました。上野駅からの列車は、予想外に順調でした。十時間ほどでしょうか、乗ったのは。

新潟駅に降り立ってぐるりと見回すと、まず右手のビルが大きく傾いています。肝をつぶしました。やはり現場に立たなければ分からない、現場でカメラのファインダーをのぞかなければ伝わらない—なのです。

信濃川にぶつかりました。万代橋はしっかりと立ってますが、昭和大橋は折れ曲がり落ちていました。やがて川岸町の傾いた県営アパート群に着きました。

鉄筋コンクリート造りの集合住宅群が、土台も露《あら》わに思い思いに傾いています。当時、こんなビルはまさしく「近代的」という言葉の象徴であり、頑丈さの代表のようなものでした。

ブランコに飽きたのでしょうか。女の子が菓子袋を開いています。男の子がおねだりしようと寄ってきました。左後方には気ぜわしそうな姉さんかぶりにかっぽう着のおばさん、傾いた県営アパートは日を浴びています。その対比をねらったのです。

ビル倒壊　地震も10日後とあって、大変な中にも落ち着きのようなものが出てきたのでしょうか。子どもたちの明るさが光っていたのです（1964年）

倒壊したアパート　ガラス窓が外れ基礎の玉石がむき出しになり、すさまじい地震のエネルギーを表出している。
こうなると人力での後片付けも無力だろう（1964 年）

アパートの内部　ほとんど横倒しとなったアパートの内部。電灯コードや手ぬぐいが下に垂れ、ざるが棚に上向きで止まっている。到底生活不能の空間だ（1964 年）

廃墟と化す製油所

新潟地震取材で、思わぬ栄誉を頂きました。その年の月刊「カメラ芸術」十月号の月例コンテストで、「鉄の骸《むくろ》」が一位になったのです。

作品の原版、ポジの保存状態がすっかり悪くなっていて、印刷不能の状態です。受賞したカットの一連の絵柄のうち、しっかりしているネガからプリントしてみました。むしろこちらの方が破壊のすさまじさが表現されていると思います。

「裏日本随一の威容を誇っていた近代的な製油工場も、一瞬のうちにその機能を停止し、まるで爆撃でやられたような廃墟《はいきょ》と化していた。（中略）

私はその場の状況説明より、できるだけ局部的に変形のありさまをオブジェとして撮るようにつとめた（原文のまま）」と書き留めました。

評者はわたしの狙いを受け止めて、「『詠嘆』そんなものがなにになる。今月の大きな収穫である」という言葉を頂きました。

いやあ、うれしかったです。若いわたしにはとても励みになりました。あれからもう半世紀近くになるんですね。あの現場、忘れられません。

鉄の骸　昭和石油の被災現場で、靴を通して伝わった熱さの記憶がくっきりと残っています（1964 年）

焼け野原の中 輝く

昭和石油。廃墟《はいきょ》のような中で焼け残ったタンクもあったのです。奇跡のように焼け野原の中で輝いていました。壊滅ではなく、ちゃんと将来に希望をつなぐ復興への象徴として、残されたものなのではないでしょうか。

ファインダーの中に燦然《さんぜん》と輝くように立っていたことが、鮮やかに思い出されるのです。

物心ついたころから、カメラに夢中になり、カメラとともに歩いてきた人生です。その原点は、大好きな故郷《ふるさと》新発田の町、新発田の人たち、そして新発田の人情、風情にあるのです。

昭和三十年代。あのなつかしくも温かく、貧しいけれど元気で前向きだったあのころ。読者からの反響の大きさがとてもうれしく、また驚きでした。あの時代のにおい、輝きがどの町にも共通するものがあったのでしょう。

これらの写真は、私個人のものというより、同時代に生きてきた日本人共有の財産として残し、かつ生かしていきたいと思っています。

復興の象徴　ようやくひねり出した休暇の２日間での新潟地震取材でしたが、現場を歩く、現場に立つという強烈な思いが鮮明に浮かぶのです（1964 年）

あとがき

　和菓子店の跡取りになるはずだった私が、中学二年ころから写真に夢中になり、カメラ雑誌コンテストの入選を目指して、ただひたすら撮りまくっていたスナップ写真でしたが、歳月を経るにしたがい、昭和の時代を証明する貴重な記録となりました。こうして一冊の本にまとまりますと、カットの向こうにそのころの自分の姿が見えるようで、被写体になってくれた人々とともに懐かしさで胸がいっぱいになります。半世紀を過ぎた今、あの少女は、少年たちはどうしているだろうかと思い巡らせています。

　新聞に連載していた当時、この写真の人物は自分だと名乗り出てくれた人が数人おられましたが、あまりに数が少ないので気がかりでもありました。本になったことにより目に留まり、新たに名乗り出てくれる人がいたら、その後の人生を聴いてみたいと思っています。

　私はといえば、写真大卒業後はテレビニュース、記録映画の撮影、雑誌のスタッフカメラマンを経て、広告会社の住宅機器関連の仕事を通じて全国の建築家の知遇を得、彼らの依頼で住宅やほかの建築を撮影し、アルバム制作や雑誌に寄稿したり実例集にまとめるなど、現役の建築写真家として活動を続けています。

　この本に関して振り返ってみますと、連載時の編集担当者として適切な写真のセレクトと文章の指導をしてくださった、新潟日報記者の大黒敬三氏に深甚の謝意を表します。出版に当たっては、新潟日報事業社の神原誠氏はじめスタッフの方々に一方ならぬご配慮をたまわり、厚く感謝いたします。

二〇〇八年九月

大竹　静市郎

【著者紹介】

大竹　静市郎（おおたけ　せいいちろう）

1939年　新潟県新発田市出身。
1960年　東京写真短期大学（現東京工芸大学）卒業。
1960年　㈱新潟映画社入社。BSNテレビニュース、記録、PR映画等の撮影を担当。
1963年　㈱主婦と生活社の嘱託となり「週刊女性」を中心に芸能、皇室、旅行等あらゆる分野のスチール写真を担当し、後に正社員となる。
1969年　GEN㈱に入社、企業PR誌の企画、撮影、文筆、編集を担当。
1977年　撮影、編集社㈱ホーム企画を設立して現在に至る。全国の有能な若手建築家の作品を建築専門誌に紹介、併せて「毎日グラフ」「ニューハウス」に優れた住宅を掲載するシリーズをおのおの5年間にわたり担当。その成果を住宅実例集にまとめ刊行した。
日本写真家協会会員、日本建築写真家協会会員。
主な著書　『魅力の1000万円台住宅集』（ニューハウス出版）、『新イマどきの家』（毎日新聞社）、『写真で見る　東京の激変』（世界文化社）

懐かしの昭和　新発田《しばた》 想《おも》い出《で》写真帳《しゃしんちょう》

2008年10月20日　第1版第1刷発行

著　者——大竹静市郎
発行者——徳永　健一
発行所——新潟日報事業社
〒951-8131　新潟市中央区白山浦2-645-54
tel 025-233-2100　fax 025-230-1833
印刷・製本——株式会社　第一印刷所

ISBN978-4-86132-302-7
＊定価はカバーに表示してあります
＊落丁本・乱丁本はお取り替えいたします

新潟日報事業社の本

懐かしのわが街 上越

岡観妙写真集 岡観妙 著

秘蔵写真100枚余で、昭和20年代後半から30年代の上越の素顔を再現。街並み、暮らし、出来事、祭り、そして豪雪―貧しかったが、心豊かだった高田の在りし日を今に伝える写真集。

変型判（240ミリ×190ミリ）／110ページ
定価1470円（税込）

懐かしの昭和がここによみがえる

思い出ほろろん〈新潟編〉
A4変型判／252ページ
定価2,100円（税込）

思い出ほろろん〈新津編〉
A4変型判／120ページ
定価1,680円（税込）

思い出ほろろん〈村上編〉
A4変型判／120ページ
定価1,680円（税込）

新潟子供たちの情景
ガキ大将がいた街
A4変型判／108ページ
定価1,680円（税込）

わが青春の街角
A4変型判／108ページ
定価1,680円（税込）

お求めは県内書店で ※NIC新潟日報販売店からもお取り寄せできます。